W0261010

Essentials liefern aktuelles Wissen in konzentrierter Form. Die Essenz dessen, worauf es als „State-of-the-Art" in der gegenwärtigen Fachdiskussion oder in der Praxis ankommt. Essentials informieren schnell, unkompliziert und verständlich.

- als Einführung in ein aktuelles Thema aus Ihrem Fachgebiet
- als Einstieg in ein für Sie noch unbekanntes Themenfeld
- als Einblick, um zum Thema mitreden zu können.

Die Bücher in elektronischer und gedruckter Form bringen das Expertenwissen von Springer-Fachautoren kompakt zur Darstellung. Sie sind besonders für die Nutzung als eBook auf Tablet-PCs, eBook-Readern und Smartphones geeignet.

Essentials: Wissensbausteine aus Wirtschaft und Gesellschaft, Medizin, Psychologie und Gesundheitsberufen, Technik und Naturwissenschaften. Von renommierten Autoren der Verlagsmarken Springer Gabler, Springer VS, Springer Medizin, Springer Spektrum, Springer Vieweg und Springer Psychologie.

Diana von Kopp

Focusing

Die Sprache der Intuition

 Springer

Diana von Kopp
Heidelberg
Deutschland

ISSN 2197-6708   ISSN 2197-6716 (electronic)
essentials
ISBN 978-3-658-08753-1   ISBN 978-3-658-08754-8 (eBook)
DOI 10.1007/978-3-658-08754-8

Die Deutsche Nationalbibliothek verzeichnet diese Publikation in der Deutschen Nationalbibliografie; detaillierte bibliografische Daten sind im Internet über http://dnb.d-nb.de abrufbar.

Springer
© Springer Fachmedien Wiesbaden 2015

Gedruckt auf säurefreiem und chlorfrei gebleichtem Papier

Springer Fachmedien Wiesbaden ist Teil der Fachverlagsgruppe Springer Science+Business Media
(www.springer.com)

Focusing ist ein Begriff, der diesen inneren Prozess des Spürens kennzeichnet: Wenn wir unsere Aufmerksamkeit auf unseren Körper richten – vor allem auf den Brust-/Bauchraum –, können wir ein diffuses körperliches Gefühl entdecken, das eine Bedeutung enthält. Diese noch unklare, körperlich spürbare Bedeutung hat etwas zu tun mit der Situation, in der wir uns gerade befinden. Wenn es uns nun gelingt, die Bedeutung dieses körperlichen Gefühls schrittweise zu klären, sehen wir die Situation verändert. „Es dämmert uns etwas", „es geht uns ein Licht auf", „wir sehen etwas in neuem Licht" sind Beschreibungen, die für solche fühlbaren Veränderungen der eigenen Befindlichkeit nach einem gelungenen Klärungsprozess typisch sind.
Heinz-Joachim Feuerstein

Was Sie in diesem Essential finden können

- Lernen Sie mit Focusing eine Methode kennen, die Ihnen Zugang zu Ihrem intuitiven Wissen verschafft.
- Erfahren Sie mehr über bewusste und unbewusste Gedächtnisinhalte.
- Entdecken Sie, warum es wichtig ist, auf Ihre innere Stimme zu hören.
- Lernen Sie mit inneren Kritikern umzugehen
- und Ihre Wahrnehmung in einen Zustand zu bringen, der Ihnen ein tieferes und umfassenderes Verständnis zu einem Sachverhalt ermöglicht.

Inhaltsverzeichnis

Innere Logik 1

Ein Bergsteiger, der bei guten Wetterbedingungen und vorhandener Fitness aus einem Gefühl heraus kurz vor dem Gipfel umkehrt, handelt auf den ersten Blick nicht unbedingt logisch. Er handelt allenfalls aus einer inneren Logik heraus, bestehend aus einer „Eingebung", einem Gefühl oder einem körperlichen Unwohlsein. Worte für dieses dumpfe Etwas in der Magengrube werden sich möglicherweise erst im Nachhinein finden lassen. Worte spielen überhaupt erst eine Rolle, wenn es darum geht, den Vorgang zu rekonstruieren. Die Entscheidung selbst basiert in diesem Fall auf implizitem Wissen. Dieses ist die Summe allen im Körper gespeicherten Erfahrungswissens. Ein erfahrener Bergsteiger hat während seiner Touren mehr Informationen aufgenommen, als sein Bewusstsein jemals verarbeiten kann. Geräusche, Wettersignale, Unebenheiten auf der Strecke, die Beschaffenheit der Vegetation, körperliche Reaktionen – solange diese Informationen keine Gefahr darstellen, oder der Fokus aus Interesse aktiv darauf gelenkt wird, werden sie unbewusst verarbeitet und bleiben implizit. Explizit werden sie erst, indem sie durch sprachliche Rekonstruktion ins Bewusstsein gelangen. Anhand von Worten, inneren Bildern und der körperlichen Reaktion in dem betreffenden Moment wird unser Bergsteiger versuchen herauszufinden, was ihn zur Umkehr bewogen hat. Kopf und Körper gehen in diesem Fall in einen inneren Dialog. Gleiches geschieht beim Focusing. Mit dem Unterschied, dass der Dialog nicht erst im Nachhinein, sondern im aktuellen Moment stattfindet. *Focusing bedeutet Informationen über das Unklare im Hier und Jetzt zu bekommen.* Es wendet sich jenem Aspekt einer Situation zu, für den wir auf Anhieb keine Antwort parat haben. Wenn wir ein sicheres Gespür haben, jedoch nicht sagen können, warum.

© Springer Fachmedien Wiesbaden 2015
D. von Kopp, *Focusing,* essentials, DOI 10.1007/978-3-658-08754-8_1

Äußere Logik 2

Die innere Logik von der im vorangegangenen Kapitel die Rede war, steht mitunter im Gegensatz zur äußeren Logik, welche weite Bereiche unseres täglichen Lebens durchdringt. Sei es als sogenannter Sachverstand, Verkaufsargument oder in Form von Anweisungen jeglicher Art. Je überzeugender die Argumente der äußeren Logik, desto schwieriger wird es für die innere Logik gehört zu werden. Kennen Sie das Gefühl, dass eigentlich etwas anders sein sollte, ein Arbeitsschritt verändert, ein überflüssiges Detail weggelassen, ein Vorgang vereinfacht werden müsste? Um gehört zu werden und die Veränderung voranzutreiben, brauchen Sie ein klares Bild, klare Worte dessen, was sich Ihrer Meinung nach verändern soll. Diese Klarheit kann wiederum nur aus Ihnen selbst heraus entstehen, aus Ihrer inneren Logik.

Wenn Sie Ihr Leben betrachten, werden Sie allerdings feststellen, dass weniger die innere Logik, als vielmehr die äußere Logik Ton angebend ist. Hinzu kommt, dass zunehmend sogenannte „smarte" Daten die Argumentation für die äußere Logik übernehmen. Daten, auf deren Basis wir Entscheidungen treffen, oder Entscheidungen für uns getroffen werden. Das hat sicherlich Vorteile, birgt allerdings gewisse Risiken. Dann etwa wenn wir uns während einer Autofahrt darauf verlassen, dass uns die eingebaute Sensorik im Lenkrad rechtzeitig zu einer Pause auffordert. Oder wir ein Fitnessarmband brauchen, um festzustellen, ob es uns gut geht. Oder auf die Rezensionen anderer angewiesen sind, um sagen zu können, ob wir ein Produkt mögen. Je größer die Abhängigkeit von externen Parametern, desto mehr verschüttet der Zugang zur inneren Logik oder dem persönlichen Erleben. Jene Fähigkeit also, Notiz zu nehmen davon, was wir im unmittelbaren Augenblick empfinden. Nicht was wir laut Datenanalysen empfinden sollten. Sondern

© Springer Fachmedien Wiesbaden 2015
D. von Kopp, *Focusing,* essentials, DOI 10.1007/978-3-658-08754-8_2

was wir unabhängig von Vorhersagen erleben. Ohne Zweifel lassen sich Vorhersagen treffen, doch selbst wenn diese zu achtzig Prozent zutreffen, was ist mit den verbleibenden zwanzig Prozent? Warum fühlen wir uns an dem einen Tag so und an einem anderen Tag anders? Warum haben wir trotz überzeugenden Argumenten manchmal so ein komisches Gefühl, wenn wir Entscheidungen treffen. Warum verhalten sich vertraute Menschen um uns herum zuweilen unvorhersehbar, obwohl wir sie in vergleichbaren Situationen schon ganz anders erlebt haben? Die Antwort liegt auf der Hand. Weil unsere Wahrnehmung, unsere Erfahrungen und all das, was den Kern unserer Persönlichkeit ausmacht, höchst individuell auf subjektivem Erleben beruht. Niemand geringeres als wir selbst entscheidet, wann sich etwas für uns richtig anfühlt. Es braucht die Fähigkeit in sich hineinzuhören, um das zu erkennen. Diese Fähigkeit ist erlernbar. Manch einem fällt es anfangs schwer. Besonders, wenn es zur Gewohnheit geworden ist, eigenes Erleben an den Erwartungen anderer oder an technischen Parametern auszurichten. Sobald die Aufmerksamkeit jedoch erst einmal auf das eigene Erleben gelenkt worden ist, kommt jener Prozess in Gang, der sich Focusing nennt. Focusing dient als Türöffner für den Raum des subjektiven Erlebens. Für jenen Bereich in uns, der unsere Einzigartigkeit als Individuum hervorhebt und der uns von allen anderen natürlichen und künstlich erschaffenen Wesen unterscheidet.

Die Werbebotschaft eines skandinavischen Unternehmens verspricht: „Damit Sie sich so richtig wohlfühlen." Nun ist wohlfühlen ja eine sehr private Angelegenheit. Der Eine fühlt sich wohl, wenn er auf dem Gipfel eines Berges steht, ein Anderer, wenn er die Fische in seinem Aquarium betrachtet. Was bedeutet es eigentlich, sich richtig wohlzufühlen. Was bedeutet es für Sie? Wann haben Sie sich zuletzt so richtig wohlgefühlt? Ernsthaft, überlegen Sie doch mal einen Augenblick. Was war das für eine Situation und wie hat sich das bei Ihnen angefühlt, dieses sich so richtig wohlfühlen? Waren Sie entspannt? Oder angeregt? Gelöst haben Sie sich gefühlt? Voller Leichtigkeit und guter Laune? War es eher eine körperliche Sache oder kam dieses sich wohlfühlen vom Kopf her? Eher körperlich werden Sie vermutlich sagen, Sie haben da nicht weiter drüber nachgedacht, das ist eher so ein sich keine unnötigen Gedanken machen müssen Gefühl, oder?

Wie fühlen Sie sich eigentlich in diesem Augenblick?

Strengen Sie jetzt weniger Ihren Verstand an, sondern hören Sie einmal aufmerksam in sich hinein. Vielleicht nehmen Sie sich ein Stück weit heraus, aus dem was Sie gerade tun. Möglicherweise lesen Sie jetzt nicht weiter, sondern halten inne, stehen auf, gehen ein paar Schritte, sehen aus dem Fenster und beschließen sich einen Tee zu kochen, während Sie in Ruhe über diese Frage nachdenken. Nehmen Sie sich gerne diese Zeit. Das Buch können Sie auch später noch weiterlesen. Widmen Sie sich stattdessen dieser Frage: *Wie fühle ich mich in diesem Augenblick?*

© Springer Fachmedien Wiesbaden 2015

D. von Kopp, *Focusing*, essentials, DOI 10.1007/978-3-658-08754-8_3

Vielleicht geht es bei der Beantwortung ja etwas ausführlicher als „gut" oder „geht so". Seien Sie gerne verschwenderisch, wenn es darum geht Ihr Empfinden in Worte zu fassen. Vielleicht fühlen Sie sich gut, aber im Hintergrund klemmt noch irgendeine Sache, die es noch zu erledigen gibt. Wie würde es sich anfühlen, wenn Sie diese Sache bereits erledigt hätten?

Falls Sie Spaß an dieser Art von Fragen haben, ist hier noch eine weitere, die Sie ausprobieren können:

Was brauche ich, um mich hier und jetzt so richtig wohlzufühlen? Strengen Sie auch bei dieser Frage weniger Ihren Verstand an, sondern lassen Sie Ihre Gedanken ins Weite streifen. Achten Sie auf den ersten spontanen Impuls. Dieser Impuls ist in der Regel mehr als ein Gedanke oder ein Gefühl. Es ist eine Ahnung, ein vages und zugleich sicheres Gespür, wie etwas zu sein hat.

Und, wie war es? Ihnen ist eine Antwort eingefallen, die sich allerdings leider nicht realisieren lässt? Dann legen Sie das Buch doch erneut zur Seite und probieren Sie es noch einmal. Allerdings, wann immer sich ein innerer Kritiker zu Wort meldet, der Ihnen sagt das geht nicht, das darf man nicht, das ist Utopie, tun Sie folgendes: Sie nehmen die Einwände zur Kenntnis, akzeptieren diese und bitten Ihren inneren Kritiker für kurze Zeit zu schweigen. Und dann hören Sie erneut in sich hinein und spinnen Sie den Gedanken ruhig weiter, der sich zuvor so gut angefühlt hat. Sollte es der Gedanke sein, dass es nur ausreichend Geld bräuchte, damit Sie sich wohlfühlen, dann überlegen Sie doch mal, was geschähe, sobald Sie ausreichend Geld hätten. Was würden Sie mit Ihrer Zeit anstellen, was würden Sie anders machen als bisher? Vielleicht sind das ja Dinge, die sich, zumindest in Ansätzen, auch ohne Geld realisieren lassen? Sich einfach mal rauszuklinken, einem Hobby nachgehen, sich in die Ferne träumen, Zeit mit der Familie und Freunden zu verbringen oder auch einfach nur mit sich selbst zu sein und nichts tun zu müssen, sondern warten worauf man Lust bekommt. Auch wenn der Gedanke genügend Geld zu haben verlockend klingt. Es kommt letztendlich darauf an, ob wir uns lebendig fühlen, intensive Erlebnisse mit anderen teilen, Träume verwirklichen. In all diesen Fällen erleben wir ein tiefes Gefühl der Authentizität. Wir erleben das unbestimmte Gefühl, dass alles was geschieht das Richtige ist, dass es in die Nähe dessen kommt, was das eigene Leben ausmacht.

Sich selbst nahe zu sein, bedeutet die Aufmerksamkeit auf das eigene Erleben zu richten. Sich in der jeweiligen Situation zu fragen, wie erlebe *ich* diese Situation augenblicklich. Auch wenn es die gleiche Situation ist, jeder Mensch wird sie auf eine ganz eigene Art erleben und interpretieren. Das hat mit unserer subjektiven Wahrnehmung zu tun, mit unseren Erfahrungen, mit körperlichen Faktoren wie Ausgeruht sein, Satt sein, Verliebt sein, auch mit wem wir gerade zusammen sind und was uns an diesem Tag schon alles passiert ist. Sogar das Wetter kann darauf

Einfluss nehmen, wie wir ein und dieselbe Situation bewerten. Der Weg zur Arbeit mit dem Fahrrad an einem warmen Frühlingstag ist ein anderer als bei grauem Novemberwetter, zumindest in unserem gefühlten Erleben. Auch wenn sich an der Fahrstrecke rein gar nichts verändert, ist es ein anderes Erlebnis. Umgekehrt kann aus einem grauen Novembertag ein gefühlter Frühlingstag werden, wenn wir gerade den Bescheid zu einer Beförderung bekommen haben, oder ein spannendes Projekt beginnen werden, oder unser privates Glück an diesem Tag gefunden haben. *Unser Erleben ist niemals exakt das gleiche, sondern immer an den jeweiligen Augenblick, an die jeweilige Situation gebunden.* Deshalb fällt es uns auch so schwer, die richtigen Worte dafür zu finden. Sollen wir darüber sprechen, sagen wir Worte wie „gut" oder „schlecht", „super" oder „mies" oder wenn wir uns nicht entscheiden können, sagen wir „geht so". Selten machen wir uns die Mühe, auszudrücken was wirklich ist. Wenn uns ein Unwohlsein drückt, fühlen wir uns mies. Dabei könnte es ja auch sein, dass wir uns bedrückt fühlen. Und wenn wir genauer in uns hineinhorchen, wird daraus vielleicht auch ein gedrängt oder bedrängt. Wie fühlt sich dieses Bedrängnis an? Gibt es aktuell etwas in meinem Leben, das mich drängt? Was müsste sich verändern, damit ich mich besser fühle? Was bräuchte dieser Teil in mir, der sich bedrängt fühlt? Wer diese Fragen erst einmal für sich geklärt hat, kann sich viel besser verständlich machen. Kann also besser über das eigene Erleben sprechen und formulieren, wie eine Situation aus seiner Sicht heraus beschaffen sein müsste. Viele zwischenmenschliche Konflikte entstehen aus einem unvollständigen Sprachgebrauch heraus. Weil Konfliktparteien nicht in der Lage sind, über das eigene Erleben zu sprechen. Anstatt zu sagen, ich fühle mich durch deine Forderungen bedrängt, zieht sich der Betroffene zurück oder holt zum Gegenangriff aus, nach dem Motto, wenn du mir Druck machst, mache ich dir noch viel größeren. Besser wäre es, das Bedürfnis zu erfragen, das hinter dem vermeintlichen „Druck" steht. Ein Bedürfnis, in einen Wunsch verpackt geäußert, findet leichter Verständnis. „Ich wünsche mir von dir etwas mehr Zeit", „ich fühle mich wohler, wenn ich das Protokoll ein zweites Mal gelesen habe", klingt anders als „immer machst du mir Stress". Die Reaktionen werden in beiden Fällen unterschiedlich aussehen. Einem anderen Menschen einen Wunsch abzuschlagen fällt uns naturgemäß schwerer, als auf einen ungerecht empfundenen Vorwurf zu reagieren. Es hat also eine große Bedeutung, welche Formulierungen wir finden. Focusing kann dabei helfen, die richtigen Worte zu finden. Die Antworten kommen immer aus dem unmittelbaren, eigenen Erleben heraus und sind deshalb auch so natürlich. Künstlich wäre es, sich an vorgefertigten Sätzen abzumühen, oder dem Rat eines Außenstehenden zu folgen. Wer sollte besser spüren, was richtig ist, als Sie selbst? Außenstehende können lediglich helfen Abstand zu finden, manchmal kann auch eine erzählte Erfahrung hilfreich sein, doch ohne dass diese Erfahrung auf Resonanz im eigenen Inneren trifft, ist es sinnlos sich auf sie zu berufen. Nicht dass es überflüssig wäre, sich mit anderen auszutauschen, ganz im Gegenteil, gerade dadurch bekommen wir neue Perspektiven und Blickwinkel, auch auf uns selbst. Wir erkennen vielleicht eigene innere Kritiker leichter, oder Ängste und Vorurteile. Der Austausch mit einem wohlwollenden Gegenüber gehört ebenso zum Focusing, wie die Reflexion auf das eigene Erleben. Was wir denken und was wir fühlen bleibt jedoch immer das Ergebnis unseres eigenen Erlebens. Ob wir uns „richtig wohlfühlen", können wir aus dieser Sicht nur uns selbst beantworten, ein Versprechen wie dieses, von außen an uns herangetragen, erreicht eher das Gegenteil, nämlich dann wenn wir erkennen, dass es sich nicht einlöst, nachdem wir eine schöne Summe Geld dafür hingeblättert haben.

> *„Die stillsten Worte sind es, welche den Sturm bringen,*
> *Gedanken, die mit Taubenfüßen kommen, lenken die*
> *Welt. "* Friedrich Nietzsche

Im Focusing geht es darum, die richtigen Worte für ein körperliches Gespür zu finden. Grund genug, die Funktion der menschlichen Sprache näher zu beleuchten.

Sprache ist ein Mittel der Verständigung, dem explizite Gedanken vorausgehen. Gleichzeitig ist sie viel mehr, als ein Hilfsmittel unsere Gedanken auszudrücken. Durch Sprache lässt sich die Vielschichtigkeit unseres Bewusstseins, unserer Beziehungen zueinander und zu den Dingen, die uns umgeben, darstellen. Je lebendiger wir Gebrauch von unserer Sprache machen, desto reichhaltiger wird die Welt, die wir damit abbilden. Mit Hilfe weniger Worte lässt sich hinter einer einfachen Aussage eine zweite Bedeutungsebene einflechten. Eine Ebene, die implizite Botschaften transportiert, die das Nichtsagbare zwischen den Zeilen transportiert.

Folgende Strophe stammt aus der Feder des Songwriters Enno Bunger:

Da ist so ein Gefühl in mir,
schon seit ein paar Tagen,
es ist eigentlich nicht kompliziert,
ich muss es dir nur sagen…

Streicht man in jeder Zeile ein Wort, kommt folgendes heraus:

Es ist ein Gefühl in mir
Seit ein paar Tagen
Es ist nicht kompliziert
Ich muss es dir sagen.

Der Text bekommt in der zweiten Version eine neue emotionale Färbung. Dieses Zögern, Zweifeln, das bis hin zur Skepsis reichende Unterschwellige der ersten

© Springer Fachmedien Wiesbaden 2015
D. von Kopp, *Focusing,* essentials, DOI 10.1007/978-3-658-08754-8_4

Version löst sich durch den Verzicht weniger Füllwörter vollständig auf. Was übrig bleibt sind Fakten, die für Gewissheit sprechen. Aber wann haben wir schon Gewissheit, wenn es um das Innere, um Intuition und Gefühle geht. Welches Ringen um Worte sich allein hinter dem Wort „nur" verbirgt, lässt sich unschwer erahnen. Diese drei Buchstaben lassen uns augenblicklich mitfühlen. Wir verstehen die Schwierigkeit die richtigen Worte zu finden, spüren die Angst vor Zurückweisung, kennen die Verlegenheit, wenn uns plötzlich die Wörter zu fehlen scheinen, um Etwas, das eigentlich nicht kompliziert ist, unkompliziert auszudrücken.

Focusing hilft, Worte zu finden, wo noch keine sind. Es ist ein Prozess, der sich dem augenblicklichen Befinden zuwendet, in all seinen Facetten. Das kann ein körperliches Gespür, eine vage Empfindung, ein noch unfertiger Gedanke sein – oder der Anfang einer neuen Erfindung. Gleichzeitig ist Focusing ein Bindeglied zwischen biologischen Prozessen und Sprache. Bezugnehmend auf eine körperliche Empfindung, den *Felt Sense*, werden schrittweise Beschreibungen ausprobiert, bis das passende Wort gefunden worden ist. Jeder von uns kennt Redewendungen wie „einen Kloß im Hals haben", „platzen können vor Ungeduld", „Bauchschmerzen beim bloßen Gedanken an etwas bekommen", „eine zündende Idee haben, die in den Händen kribbelt", „wenn ein Stein vom Herzen fällt" oder einem „etwas an die Nieren geht". Unsere Umgangssprache ist voll von Ausdrucksformen, die darauf anspielen wie sehr Kopf und Körper miteinander in Beziehung stehen. Diese allgemeinen Redewendungen lassen sich mit Hilfe von Focusing spezifizieren. Ausgehend von einer Empfindung, beispielsweise einer inneren Unruhe, wird jener Begriff gesucht, der das Empfundene und alles damit in Beziehung stehende treffend beschreibt. Somit ist Focusing eine Methode, die das Nichtsagbare, implizit Gespürte in eine lebendige Sprache überführt. In Worte, die treffend beschreiben, was jemand im Augenblick zu einem bestimmten Sachverhalt intuitiv spürt.

Sprache und Körper 5

Kehren Sie doch für einen Augenblick zu der Vorstellung zurück, dass Sie sich richtig wohlfühlen. Vielleicht *denken Sie an ein schönes Erlebnis, oder an einen besonderen Menschen. Achten Sie dabei einmal auf Ihre Atmung.* Fühlt es sich leicht an, Luft zu holen? Seufzen Sie vielleicht sogar? Lächeln Sie, wird Ihnen warm? Genießen Sie dieses positive Erlebnis und heben Sie es sich für später auf. Sie können jederzeit dorthin zurückkehren. Bevor Sie das tun, stellen Sie sich jedoch einmal das Gegenteil vor. *Denken Sie an ein unangenehmes Erlebnis, oder an einen Menschen, den Sie nicht mögen. Achten Sie auch hierbei auf Ihre Atmung.* Was verändert sich? Gehen Sie das Unangenehme noch einmal Schritt für Schritt in Gedanken durch. Wie fühlt sich Ihr Körper dabei an? Spüren Sie irgendwo eine Enge, oder einen Kloß im Hals? Beschleunigt sich Ihr Puls, ziehen Sie die Stirn in Falten? Das alles sind typische Reaktionen auf unangenehme Erlebnisse. Unser normaler Umgang mit unangenehmen körperlichen Reaktionen oder Gefühlen bedeutet, dass wir sie so schnell wie möglich wieder loswerden wollen. Wir haben das dringende Bedürfnis etwas zu tun, egal was, Hauptsache es tut sich was. Wir telefonieren mit einem Freund oder lenken uns anderweitig ab sofern keiner erreichbar ist, wir stürzen uns in Arbeit, machen Sport, kaufen uns was oder essen Süßigkeiten. Mit diesem Aktionismus wollen wir vor allem Eines erreichen: dass das unangenehme Gefühl verschwindet. Für einen Augenblick scheint die Strategie sogar aufzugehen. Nach dem Sport fühlen wir uns besser, die neuen Schuhe heben die Stimmung, die getane Arbeit wirkt beruhigend. Allerdings, *wenn Sie sich ein halbes Jahr später, so wie jetzt, an das Erlebnis erinnern sollen, kocht es in Ihnen wieder hoch.* Und das tut es so lange, bis die Unklarheit verschwindet, es eine Aussprache gegeben hat oder in irgendeinem Sinne eine Lösung stattge-

© Springer Fachmedien Wiesbaden 2015
D. von Kopp, *Focusing,* essentials, DOI 10.1007/978-3-658-08754-8_5

funden hat. *Was müsste denn sein, damit sich das negative Empfinden verändert?* Was bräuchten Sie, damit sich das körperliche Unwohlsein auflöst? Focusing wird Ihre Probleme nicht lösen, aber es wird Ihnen helfen eine andere Einstellung zu den Auslösern zu bekommen. Sie bekommen Klarheit darüber, was das eigentlich Belastende an einer Konfliktsituation ist. Diese innere Klarheit wird Ihnen helfen, Schritte zu unternehmen um das Problem zu lösen.

Ein Focusing Prozess nimmt seinen Anfang in einer diffusen, noch unklaren Empfindung. Implizit wissen Sie bereits, was sein müsste, explizit fehlen Ihnen jedoch noch die Worte dafür. Diese Empfindung äußert sich auf unterschiedlichen Ebenen: es kann sich um einen vagen Gedanken handeln, eine aufflackernde Idee, ein undeutliches Gefühl oder eine Körperempfindung. Alle diese Ebenen beeinflussen sich gegenseitig.

Ein Wort produziert in uns einen Gedanken, ein Gefühl und eine körperliche Empfindung. Gedanken und Gefühle sind individuell geprägt. Ein und dasselbe Wort muss nicht zwangsläufig bei jeder Person die gleichen Gedanken und Gefühle hervorrufen. Was wir damit assoziieren, ist von unserer individuellen Sichtweise abhängig, auch von der Situation, in der wir uns befinden. Nehmen wir das Wort „Wolke". Woran denken Sie? An ein graues, tiefhängendes Gebilde oder an eine Schönwetterwolke bei azurblauem Himmel? In beiden Fällen werden unterschiedliche Gefühle angesprochen. Dies hängt wiederum auch davon ab, in welcher Region Sie leben. In einer klimatisch sehr trockenen Region mit anhaltender Dürre freuen Sie sich wahrscheinlich über eine Gewitterwolke mehr, als über eine Schönwetterwolke und umgekehrt, wenn Sie Urlaub bei Dauerregen machen, freuen Sie sich über die Schönwetterwolke. So unterschiedlich unsere Sichtweisen bei einem so simplen Wort wie Wolke auseinandergehen, so sehr gehen Sie auch in alltäglichen Sätzen auseinander. Was wir in einen Satz oder in ein Wort hineininterpretieren, wird von unserer Wahrnehmung und von der Situation bestimmt. Das gleiche gilt für unsere Gesprächspartner. Missverständnisse nehmen ihren Anfang häufig im unterschiedlichen Sprachverständnis. So eng wie wir Gedanken und Gefühle mit bestimmten Worten assoziieren, so präzise reagiert auch unser Körper auf Worte. Nicht nur dass wir positive oder negative Gefühle entwickeln, auch unser Körper nimmt eine entsprechende Haltung ein. Mit dieser Haltung bringen wir entweder Zustimmung oder Ablehnung zum Ausdruck. In vielen Fällen sind wir uns dessen noch nicht einmal bewusst. Interessanterweise hat unser Körper eine eigene Ausdrucksweise. Eine eigene ihm innewohnende Haltung zu den Dingen. Falls Sie einen (möglichst großen) Spiegel zur Hand haben, machen Sie gerne folgendes **Experiment:**

Stellen Sie sich vor den Spiegel. Schließen Sie die Augen. Nehmen Sie anschließend einen neutralen Stand ein. Das heißt eine Haltung, die Sie für neutral halten und in der Sie sich wohlfühlen.

Dann öffnen Sie die Augen. Sehen Sie einmal genauer hin. Wie sind Ihre Schultern? Geöffnet oder angezogen, hängend, nach vorne geschoben? Wo ist Ihr Kinn. Fällt es zur Brust hin oder halten Sie es im 90 Grad Winkel gerade nach vorn? Was ist mit Ihrem Bauch, ist er nach vorne gewölbt, weil Sie vielleicht im Hohlkreuz stehen? Stehen Sie wirklich auf beiden Beinen oder ist das Gewicht verlagert? Steht die Hüfte gerade, oder ist Sie schief? Sie sehen, auch wenn Sie glauben völlig gerade und ganz normal zu stehen, macht Ihr Körper etwas anderes. Er justiert sich um eine vermeintliche Mitte. Bei den Einen ist diese Mitte nach links verlagert, bei den Andren nach rechts. Eltern, die Ihre Kleinkinder immer auf derselben Hüfte tragen, schieben ihren Oberkörper zum Ausgleich in die entgegengesetzte Richtung. Je nachdem wie häufig und über welchen Zeitraum dies geschieht, verschiebt sich die Wirbelsäule in eine bestimmte Richtung. Das gleiche gilt für Menschen, die häufig am Computerbildschirm sitzen. Deren Kopf schiebt sich nach vorn, die Halswirbel geraten in eine ungünstige Position. Neben einer verspannten Schulterpartie wehrt sich häufig auch der untere Rücken gegen eine solche Haltung, weil er ausgleichend aktiv werden muss. Die Betroffenen spüren davon in Form von Schmerzen. Diese Schmerzen sind wiederum Anlass mit anderen Menschen zu sprechen, sei es um Rat zu suchen oder medizinische Hilfe zu erhalten. Letztendlich helfen diese Maßnahmen zwar in einem gewissen Umfang, so lange jedoch die Einsicht verwehrt bleibt, dass an der Körperhaltung und damit auch der inneren Haltung gegenüber gewissen Dingen Veränderungen stattfinden müssen, bleiben die Schmerzen bestehen. Schlimmer noch, durch die Fehlhaltung kommt es zu Abnutzungserscheinungen, die ein ernsthaftes medizinisches Problem hervorrufen. Umso wichtiger ist es frühzeitig für äußere Haltungen und innere Einstellungen sensibilisiert zu sein und diese gegebenenfalls zu verändern. Doch woher weiß ich, welche Veränderungen das sein müssten und wie soll der Körper dabei helfen, Schritte zu entwickeln, die zu einer positiven Entwicklung der Situation führen? Focusing ist eine Möglichkeit Antworten zu finden. Nicht nur Schmerzgeplagte finden mit Focusing Lösungen. Jeder von uns kennt das Gefühl, dass „eigentlich" etwas anders sein müsste. Dieses Gefühl ist situationsabhängig und mal mehr, mal weniger ausgeprägt. Aber es existiert. Als eine Art innere Gewissheit, als etwas, das sich gut anfühlt und richtig, und bei dem man im Traum nicht darauf käme sich zu verbiegen. Klar, damit das eintreffen darf, müssten ein paar Dinge verändert werden. Doch bevor wir darüber nachdenken, welche das sein könnten, meldet sich unser Verstand oder unsere gute Erziehung und walzt dieses Gefühl nieder. In Bezug auf Veränderungen sind wir konservativ. Wir fühlen uns in unserem Komfort und unserer Sicherheit bedroht, fürchten negatives Feedback und unangenehme Konsequenzen. Das alles macht es unserem Körper und der ihm innewohnenden natürlichen Tendenz zur Entfaltung nicht leichter, Bedürfnisse einzufordern. Doch es ist ein Trugschluss zu glauben, dass sich Veränderungen aus dem Weg reden lassen können oder die Notwendigkeit von selbst verschwindet, sie stattfinden zu lassen. Je vehementer Sie die Bedürfnisse des Körpers ignorieren, desto deutlicher wird er zu Ihnen sprechen. Meist in einer Form, die Unwohlsein in irgendeiner Form ausdrückt.

Veränderungen, die aus sich selbst heraus stattfinden können und dürfen, wer könnte ein besserer Ratgeber sein, als der eigene Körper? Ein Freund kann zuhören, ein Arzt kann Medikamente verschreiben, ein Coach kann Regeln aufstellen, aber keiner kennt bessere Antworten als der eigene Körper. Wie auch, jedes Individuum hat eine eigene ihm innewohnende Art sich zu bewegen, zu denken, sich mitzuteilen. Was wirklich relevant und wichtig für den Einzelnen ist, kann letztendlich nur aus demjenigen selbst heraus entstehen.

Eugene T. Gendlin – der Entdecker von Focusing   6

Die Entdeckung von Focusing geht auf den 1926 in Wien geborenen Philosophen Eugene T. Gendlin zurück. An der Universität von Chicago betreute Gendlin in jungen Jahren eine wissenschaftliche Studie im Auftrag des berühmten Gesprächstherapeuten Carl Rogers. Seine Aufgabe, war es herauszufinden, wann Therapien erfolgreich waren, und wann nicht. Über einen Zeitraum von fünfzehn Jahren werteten Gendlin und seine Mitarbeiter mehrere tausend Therapiegespräche aus. Dabei machte Gendlin eine erstaunliche Entdeckung: Nicht die Technik des Therapeuten ist entscheidend, auch nicht worüber ein Klient spricht, sondern *wie* er über ein Erlebnis spricht. Ob es ihm dabei gelingt auf sein körperliches Erleben im Hier und Jetzt Bezug zu nehmen. Nicht nur die intellektuelle, vernunftbetonte Auseinandersetzung mit einem Problem, sondern die körperliche Resonanz, das Bauchgefühl dazu, ist entscheidend.

Weiterhin ausschlaggebend ist, ob in der Folge von Gesprächen neben der gedanklichen Klärung auch körperlich eine spürbare Veränderung stattfindet. Wenn eine Schwere einem Gefühl von Leichtigkeit weicht, eine Belastung in Entlastung mündet oder um es mit den Begriffen von Focusing zu benennen, wenn ein *Felt shift* stattfindet. Ein Felt shift, so Gendlin, ist ein Aha-Erlebnis, das sich anfühlt wie frische Luft, die in einen stickigen Raum hineinfährt.

Gendlin war seiner Zeit voraus, als er basierend auf den Erkenntnissen dieser Studie jene Focusing Schritte entwickelte, die einen systematischen Focusing Prozess bei jeder beliebigen Person zulassen. Um, wie Gendlin es ausdrückte, tiefere Erkenntnisse zu bekommen, als Gedanken und Gefühle es einem vermitteln können. (To live from a deeper place than just your thoughts and feelings. Gendlin, Focusing, S. 4) Was er damit anspricht, ist das implizit vorhandene Wissen eines

© Springer Fachmedien Wiesbaden 2015
D. von Kopp, *Focusing,* essentials, DOI 10.1007/978-3-658-08754-8_6

jeden Menschen. Wissen, das über bewusst wahrnehmbare Gedanken und Gefühle hinausgeht, wie eben jenes Bergsteigers, der weiß, was er zu tun hat, ohne dass er es bewusst erklären kann. Während die Intuition heute in der Mitte der Gesellschaft angekommen ist, war es in den 60er Jahren des letzten Jahrhunderts eher ungewöhnlich, darüber zu sprechen. Besonders im beruflichen Kontext zählten Fakten und konkret nachvollziehbare Urteile. Managementtheorien waren noch immer stark beeinflusst vom sogenannten Taylorismus und der industriellen Revolution, wonach Menschen wie Maschinen zu funktionieren hatten und durch Anweisungen „handlungsoptimiert" wurden.

Heute sind wir, zumindest in den westlichen Nationen, deutlich weiter. Mitarbeiterzufriedenheit gilt als Wert, ebenso wie die Einbindung von Mitarbeitern in Entscheidungs- und Veränderungsprozesse. Individualisierung und Kundenzufriedenheit sind ebensolche Werte, die in Unternehmen anzutreffen sind. Doch woher soll der Kunde wissen, welches Produkt dauerhafte Zufriedenheit auslöst? Jenes, das mit kessen Werbesprüche für Aufmerksamkeit und Kaufwille gesorgt hat, oder jenes, dessen Besitz sich gut anfühlt, weil man es gerne benutzt? Individualisierung geht nicht ohne die Bezugnahme auf das unmittelbare Erleben. Vielleicht ist das die Chance für Focusing, den Platz einzunehmen, der der Methode gebührt. Kreativarbeiter kennen die Methode vielfach, unter Managern wird Focusing zunehmend beliebter. Es ist unter anderem der rasanten Entwicklung der Neurobiologie zu verdanken, dass es im allgemeinen Verständnis um das Erleben Fortschritte gegeben hat. Etwa die Aufteilung des Erlebens in implizite und explizite Inhalte. Was uns allerdings noch immer fehlt, ist die bewusste Einbindung impliziten Wissens in unsere tägliche Arbeits- und Lebenssituation. Das mag zum Einen daran liegen, dass uns die Werkzeuge dazu fehlen, zum anderen an dem fehlenden Zugeständnis auf die Empfindungswelt des Einzelnen einzugehen, die ja häufig auch Kritik an bestehenden Umständen mit sich bringt. Dabei bedeutet das Eigene zu entwickeln nicht zwangsläufig Schaden für Andere. Das Gegenteil ist der Fall. Wer sein Leben im Einklang mit den eigenen Entwicklungstendenzen lebt, ist nicht nur gesünder und ausgeglichener sondern auch produktiver. Wer einen Beruf ausübt, bei dem er Talente und persönliche Ansichten einbringen darf, ist motivierter und aufmerksamer. Wem gestattet ist, die Vielfalt seiner Persönlichkeit auszuleben, ist seinerseits toleranter und offener für die Perspektiven Anderer. Focusing ist keine große Sache. Jeder kann es lernen, jeder kann es anwenden. Das Wesentliche am Focusing ist das Einverständnis, dass jeder noch so vage Hinweis die vollständige Lösung eines Problems beherbergen kann. Und dass es Zeit, Geduld und Hinwendung braucht, aus einer vagen Idee eine stabile Erkenntnis wachsen zu lassen.

> *„Each of us is here for a brief sojourn; for what purpose*
> *he knows not, though he sometimes thinks he feels it. But*
> *from the point of view of daily life, without going deeper,*
> *we exist for our fellow-men…" Albert Einstein*

Vielleicht kennen Sie das Gefühl, wonach Sie eigentlich wissen, was Sie zu tun haben, d. h. was Sie verändern müssten. Und dennoch machen Sie aus irgendwelchen Umständen weiter wie gewohnt. Solange, bis sich die Umstände von selbst ändern, z. B. weil Sie befördert werden, oder Sie Ihren Job verlieren, Beziehungen auseinandergehen oder das Haus in dem Sie leben verkauft wird. In all diesen Fällen werden Sie gezwungen sich neu zu positionieren. Also eine Haltung zu diesen Dingen einzunehmen. Neben dieser Haltung gegenüber äußeren Umständen existiert in jedem Menschen eine angeborene charakteristische Grundhaltung. Eine eigene biologische Sprache. Diese Sprache ist implizit, also in großen Teilen unbewusst, bestenfalls vorbewusst als vage Empfindung. Wohingegen die wörtliche Sprache explizit, also bewusst ist. Und somit gekoppelt an gesellschaftliche Normen, innere Kritiker, externe Erwartungen, an Intellekt und an soziale Erfahrungen. Natürlich können wir unseren Körper bewusst steuern, wir können bewusst ein Auto lenken, aber das setzt voraus, dass wir diese Handlungen vorher „programmiert", also mit Hilfe von Sprache einstudiert haben. Je mehr wir Routine entwickeln, desto unbewusster laufen die einzelnen Handlungsschritte ab. *Jeder Körper weiß was er zu tun ha*t. Dieses Wissen gilt nicht nur für einstudierte Prozesse, sondern auch für andere Bereiche, auch solche, die vielleicht (noch) gar nicht bewusst sind. Vielleicht singen Sie gerne und spielen ein Instrument, haben aber einen stressigen Beruf, der Ihnen nicht erlaubt sich Ihrem Hobby häufig zu widmen. Trotzdem finden Sie immer wieder Gelegenheit ein paar Akkorde zu üben. Der Drang das zu tun, ist dann so stark, dass Sie alles andere für

© Springer Fachmedien Wiesbaden 2015

D. von Kopp, *Focusing,* essentials, DOI 10.1007/978-3-658-08754-8_7

eine Weile ruhen lassen um sich der Musik zu widmen. Körperlich fühlen Sie sich währenddessen so wohl, dass Sie alles andere vergessen. Diese Empfindung ist so stark, dass es den Anschein hat, als hätte Ihr Körper noch andere Pläne mit Ihnen. Er möchte, dass Sie Musiker sind und sich Ihrem Instrument widmen. Rational macht das natürlich wenig Sinn. Sie haben einen Job, eine Familie, Verpflichtungen. Trotzdem ist dieses Gefühl da. Was sich hier bemerkbar macht, ist die *natürliche Tendenz des Körpers zur Entfaltung seiner Möglichkeiten*, auch *Aktualisierungstendenz* genannt. Dieser Begriff entstammt der humanistischen Psychologie und wurde von Carl Rogers geprägt. Gemeint ist hiermit das innere Streben nach Vervollkommnung, nach Entwicklung und persönlicher Reifung. Diese Tendenz ist implizit, also nicht bewusst wahrnehmbar. Bewusst wahrnehmbar sind dagegen alle rational gesteuerten Prozesse. Sie planen, arbeiten, gehen einkaufen und haben ein Bild von sich als Person, die all diese alltäglichen Dinge erledigt. Dabei ist es Ihnen wichtig, dass diese Person gemocht wird und Anerkennung erhält. *Es kann passieren, dass dieses Selbstkonzept im Alltag so stark an den Erwartungen anderer ausgerichtet ist, dass die Aktualisierungstendenz des Körpers darunter leidet. Dass zu wenig Raum für persönliche Entwicklung und Veränderung besteht.* Körperliches und seelisches Wohlbefinden setzt voraus, dass das Selbstkonzept und die natürliche Aktualisierungstendenz des Körpers im Einklang sind. In diesem Fall ist die Rede von Kongruenz, oder Deckungsgleichheit. Fehlt diese Übereinstimmung, besteht sogenannte Inkongruenz. Je weniger Raum für die persönliche Entfaltung gegeben ist, desto größer wird der innere Widerspruch, zwischen dem gefühlten Leben, wie es sein sollte und dem tatsächlichen Leben, wie es im Alltag stattfindet. Inkongruenz macht sich auf verschiedene Weise bemerkbar. Das kann zu einer wiederholt auftauchenden Unzufriedenheit mit den gegebenen Umständen, bis hin zu einem dauerhaften Unwohlsein führen und körperliche Zustände wie Schmerzen, Depressionen und Schlafstörungen hervorrufen. Jeder Mensch hat eigene Strategien, sog. Copingstrategien, Inkongruenz zu bewältigen. Focusing kann als eine solche betrachtet werden, da es dabei hilft, auf die Signale des Körpers zu achten und zu reagieren. Focusing kann einen entscheidenden Input geben, zu den eigenen Stärken (zurück-) zu finden.

Mit Hilfe von Focusing entwickelt sich aus einem impliziten, körperlichen Gespür eine explizite Lösung. Aus einem vagen Empfinden, wie etwas sein sollte, entstehen konkrete Handlungsschritte. Je besser es dem Fokussierendem gelingt, einen Griff für das körperlich Gespürte zu finden und je behutsamer der Begleitende mit störenden inneren Kritikern des Fokussierenden umzugehen weiß, desto intensiver ist das körperliche Erleben, das im Falle einer spürbaren Veränderung eintritt. Neben Erleichterung macht sich eine deutliche innere Kraft bemerkbar und das Gefühl, es nur so und nicht anders richtig zu machen. Diese innere Kraft entstammt dem köpereigenen, innewohnenden Wissen über die eigene Bestimmung.

Innere Kritiker 8

„Eure Zeit ist begrenzt. Vergeudet sie nicht damit, das Leben eines anderen zu leben. Lasst euch nicht von Dogmen einengen – dem Resultat des Denkens anderer. Lasst den Lärm der Stimmen anderer nicht eure innere Stimme ersticken. Das Wichtigste: Folgt eurem Herzen und eurer Intuition, sie wissen bereits, was ihr wirklich werden wollt.“ Steve Jobs

Was hält uns eigentlich davon ab, unserer Intuition zu folgen? Im Focusing ist die Rede von inneren Kritikern. Das ist sozusagen der verlängerte Arm der Anderen, die uns immer wieder daran erinnern, dass wir Erwartungen zu erfüllen haben. Ein innerer Kritiker lässt sich mühelos identifizieren. Denn er verschanzt sich gerne hinter einfachen Floskeln. Das tut man nicht, sei kein Egoist, sei stark, mach' es allen recht, beeil dich, stoß niemanden vor den Kopf, nimm dich nicht so wichtig, sei nicht zimperlich, das schaffst du nicht alleine…. Diese Glaubenssätze sind unsere moralischen Ordnungshüter. Einerseits erleichtern sie uns das Zusammenleben mit unseren Mitmenschen. Sie zu beachten, führt dazu, dass wir nirgendwo anecken und von Anderen Zustimmung erfahren. Gleichzeitig können diese inneren Kritiker uns lähmen, sie nehmen uns Mut und lassen uns schlecht fühlen. Im schlimmsten Fall dominieren sie uns so sehr, dass sich eigene Vorstellungen kaum noch entfalten können. Auffallend häufig findet diese Lähmung Ausdruck in Sätze wie: „Eigentlich wollte ich ja…“, „Eigentlich würde ich ja gerne…“. Sollten Sie sich diese Sätze öfter sagen hören, könnte das ein Anlass sein, mehr auf Ihre innere Stimme zu hören.

Neurobiologisch gibt es übrigens eine Erklärung für diese inneren Kritiker. Stark vereinfacht sieht das folgendermaßen aus: Unser Gehirn ist in verschiedene

© Springer Fachmedien Wiesbaden 2015
D. von Kopp, *Focusing*, essentials, DOI 10.1007/978-3-658-08754-8_8

Zentren unterteilt. Während sich das eine vorwiegend um Gefühle kümmert, ist das andere für die bewusste Steuerung von Verhalten zuständig. Ersteres ist das sogenannte Limbische System, das den Mandelkern, (auch Amygdala) enthält. Die Aktivität des Mandelkerns gibt beispielsweise Auskunft darüber, ob wir uns in einer Situation ängstigen. Evolutionär bedingt reagieren wir sehr schnell auf furchteinflößende Situationen. Instinktiv weichen wir zurück oder laufen weg. Es ist das sogenannte schnelle System, das diese rasche Reaktion ermöglicht. Wir reagieren, ohne dass wir uns dessen bewusst sein müssen. Darüber hinaus gibt es ein langsames System. Wonach wir bewusst entscheiden, wie wir auf einen Angstauslöser reagieren. Bemerkbar macht sich dies durch eine erhöhte Aktivität des präfrontalen Cortex, grob gesagt, durch die Aktivität hinter unserer Stirn. Von dort aus steuern wir unsere Handlungen und Gedanken. Mit Hilfe dieser Hirnstrukturen urteilen wir auch darüber, ob ein Ereignis tatsächlich bedrohlich ist.(oder z. B. eine Aufgabe zu schwer für uns) Das Urteil darüber ist wiederum von unseren Erfahrungen in ähnlichen Situationen und von unserer Sozialisation beeinflusst. So manifestieren sich z. B. Elternbotschaften anhand von einfachen Sätzen in diesen Hirnstrukturen. Haben Sie als Kind häufig ein besorgtes „Pass auf!" zu hören bekommen, sind Sie vielleicht etwas ängstlicher, als jemand, der unbehelligt auf Bäumen und Klettergeräten herumturnen durfte. Als Erwachsener kennen Sie diese innere Stimme, die Ihnen „Pass auf!" zuruft, wenn Sie vor einer brenzligen Aufgabe stehen. „Das geht nicht.", „Das macht man anders.", „So läuft es nicht.", „Übertreib es bloß nicht." Wir alle kennen diese Sätze. Anstatt sie zu hinterfragen, nehmen wir sie als Leitsätze für unser eigenes Leben, und geben sie an andere Menschen in unserem Umfeld als Forderungen weiter. Einer der Schritte im Focusing besteht darin, Automatismen wie diese aufzudecken. Damit das eigene Gespür ausreichend beachtet werden kann. Je besser wir unsere inneren Kritiker kennen, desto produktiver können wir damit umgehen. In der einen Situation nehmen wir sie dankbar als Hinweis auf, in der anderen Situation nehmen wir bewusst einen eigenen, anderen Standpunkt ein.

Übung innere Kritiker

Probieren Sie folgende Fragen aus:

- Gibt es etwas in meinem Leben, das ich mich (noch) nicht traue und das sich gleichzeitig „richtig" anfühlt?
- Welche „inneren Einwände" habe ich hierzu?

- Gibt es jemanden in meinem Umfeld, von dem ich diese Einwände übernommen haben könnte?
- Wie fühlen sich diese Einwände *in* mir an: *Wo* machen sich die inneren Kritiker bemerkbar?

Stellen Sie sich nun bildlich vor:
- Der innere Kritiker ist jetzt weg.
- Wie fühlt sich das körperlich an? Spüren Sie den Unterschied?

Innovationen vs. Gewohnheiten 9

Wenn wir etwas wiederholt in derselben Handlungsfolge tun, ohne Gedanken daran zu verschwenden, dann ist das eine Gewohnheit. Gleiches gilt, wenn jemand behauptet, dass etwas nur so und nicht anders gemacht werden kann, weil es schon immer so gemacht worden ist. Gewohnheiten sind in erster Linie praktisch. Unser Gehirn hat eine Vorliebe für praktische Dinge. Es liebt Schubladen, oder Kategorien. Ein Gegenstand mit vier Beinen muss ein Tisch sein, einer mit zwei Rädern ein Fahrrad. Kategorien gibt es zu allen erdenklichen Situationen. In Kategorien zu denken ist enorm zeitsparend. Je schneller wir etwas begreifen, desto rascher können wir handeln. Alltägliche Dinge wie Autofahren, Aufräumen oder Körperpflege verrichten wir weitestgehend implizit oder automatisch. Ebenso verfahren wir mit Meinungen, Ansichten und Einstellungen. Einmal übernommen, sind sie schwer aus unseren Denkmustern zu entfernen. Je häufiger wir die Erfahrung machen, mit unserer Meinung richtig zu liegen, desto mehr blenden wir gegenteilige Ansichten aus. Einen Irrtum ziehen wir nicht in Betracht. Das hat wiederum mit selektiver Wahrnehmung zu tun und damit, dass wir nur nach Informationen Ausschau halten, die unsere eigene Weltsicht bestätigen. Wissenschaftlich nennt sich das *confirmation* bias oder Bestätigungsfehler. Diese Täuschungen oder Vorstellungen geben wir dann unreflektiert an andere weiter. Um umgekehrt. Wir verlassen uns auf die Richtigkeit dessen, was uns jemand mitteilt. Wir fragen uns nicht: Ist das wirklich so, oder kann es auch anders gehen? Oder: *Ist das die bestmögliche Variante zu handeln? Ist diese Lösung für ein Problem die bestmögliche?*

Wenn wir etwas verändern möchten, sollten wir uns diese Fragen allerdings stellen.

© Springer Fachmedien Wiesbaden 2015
D. von Kopp, *Focusing,* essentials, DOI 10.1007/978-3-658-08754-8_9

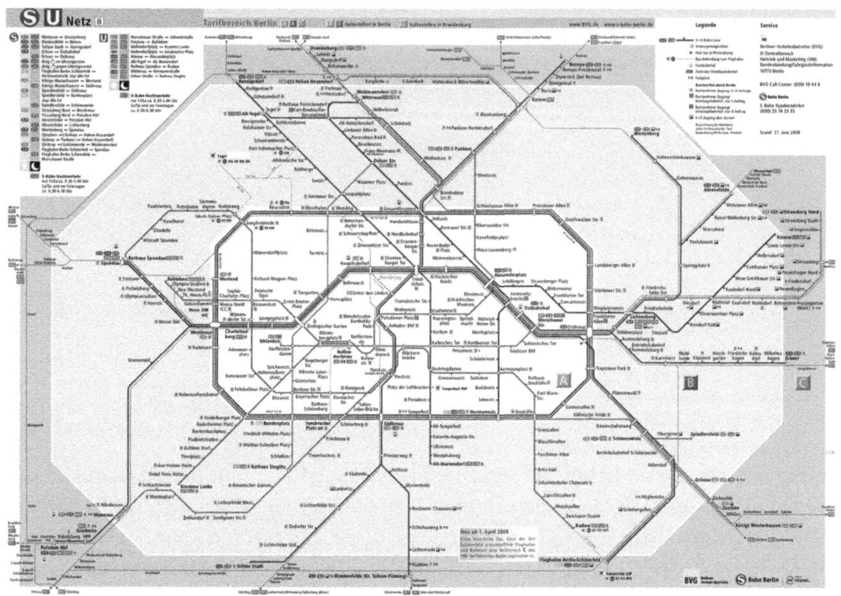

Abb. 9.1 U-Bahn Berlin vorher

Bestätigungsfehler treten umso häufiger auf, je weniger wir auf unser Bauchge-
fühl in der betreffenden Situation achten. Das Gespür, dass etwas auch anders ge-
hen könnte, geht vielen Veränderungen voraus. Auf dieses Gespür zu hören, ist ein
erster Schritt für Innovationen. So ein Gespür hatte der Brite Maxwell J. Roberts
als er die U-Bahn und S-Bahn Pläne sämtlicher Großstädte nebeneinander leg-
te. Zu unübersichtlich, zu wenig benutzerfreundlich stellte er fest (vgl. Abb. 9.1).
(Und das obwohl diese Pläne seit Jahrzehnten funktionierten.) Er stellte sich daher
folgende Frage: *Sind diese Pläne die bestmöglichen, die es geben kann?* Auf der
Grundlage dieser Frage entwickelte er ein neues Design (vgl. Abb. 9.2). Und in
der Tat stellte sich heraus, dass der Designwechsel hin zu konzentrischen Formen
einen deutlichen Zeitvorsprung in der Planung brachte. Anstatt den üblichen Li-
nien, die sich mal kreuzen, mal parallel verlaufen, sind die neuen Pläne ringförmig
aufgebaut. (http://www.tubemapcentral.com/) Dem menschlichen Auge fällt es
viel leichter, sich darin zurechtzufinden. Auch wenn sich die alten Pläne bewährt
haben, die neue Darstellungsweise ist einfach einleuchtender. Das dürften auch
jene Kritiker erkannt haben, die zu wissen glaubten, dass „es nicht anders geht".
Das sichere Gespür, dass etwas anders sein sollte, als gewohnt, führte in diesem
Fall zu einer erfolgreichen Innovation. Es lohnt sich also in vielen Fällen, Gewohnheiten und Einstellungen zu hinterfragen und auf die innere Stimme zu hören.

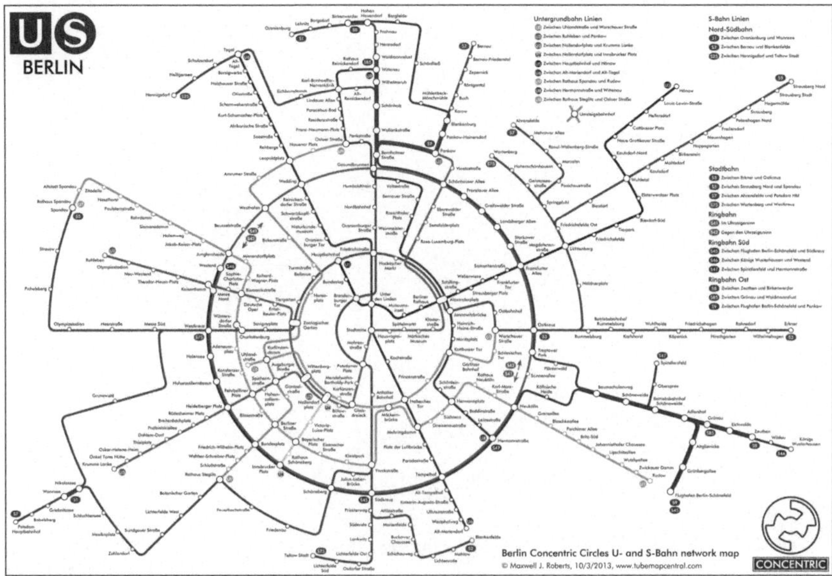

Abb. 9.2 U-Bahn Berlin nachher

Unser Gehirn kann in jeder Sekunde etwa elf Millionen Informationen aufzunehmen. Das ist die gute Nachricht. Die schlechte Nachricht lautet: Gerade mal vierzig dieser Informationen können wir bewusst verarbeitet.

Während wir herzhaft in einen Apfel beißen, finden wir ihn spontan süß oder sauer, saftig oder mehlig, entscheiden wir, ob wir mehr davon wollen oder ihn zur Seite legen. Dass in derselben Sekunde ein Flugzeug über unseren Kopf fliegt, ein Kieselstein in unserem Schuh drückt, ein Windstoß durch den Garten fährt, registrieren wir allenfalls unbewusst. Kommt uns jedoch während wir in den Apfel beißen eine Wespe zu nahe, bekommen wir vom Geschmack des Apfels kaum etwas mit, weil wir alle Aufmerksamkeit auf das Insekt richten. Gleichzeitig den Geschmack eines Apfels zu bewerten und eine Wespe zu verjagen übersteigt unsere Fähigkeiten. Das liegt daran, dass die Kapazität der bewussten Wahrnehmung sehr gering ist. Dass bekommen wir zu unserem Ärgernis immer dann zu spüren, wenn wir uns ein Gesicht und den dazugehörenden Namen merken sollen. Die meisten Informationen landen aus logistischen Gründen in unserem Unterbewusstsein und tauchen mit etwas Glück von dort im richtigen Moment wieder auf. Die gewaltige Menge an unbewusst aufgenommenem Datenmaterial, sucht sich seine eigenen Speicherorte. Manchmal erleben wir einen Geistesblitz, eine Eingebung oder schlichtweg eine Intuition und wir gelangen in ein Stadium, an dem uns diese Informationen als Ahnung, oder Vorbewusstsein zugänglich werden. Es liegt uns auf der Zunge oder ist so ein Gefühl, das sich jedoch einer konkreten Beschreibung entzieht. Wie eine Münze auf dem Boden eines Brunnens schimmert es uns entgegen, sobald wir allerdings hineingreifen wollen um die Münze zu fassen, merken wir, dass das Wasser zu tief ist und sich die Münze dem Greifbaren entzieht. Ge-

© Springer Fachmedien Wiesbaden 2015
D. von Kopp, *Focusing,* essentials, DOI 10.1007/978-3-658-08754-8_10

nauso fühlt es sich an etwas zu wissen, das jedoch (noch) nicht konkret greifbar ist. Viele Entdeckungen und Innovationen nahmen auf diese Weise ihren Anfang. Oftmals offenbarte sich die Lösung im Traum. Erst nachdem das Bewusstsein ruhte, gab das Unterbewusstsein Informationen frei, die dann in Träumen verarbeitet wurden. So hat der Chemiker August Kekulé in einer Art Wachtraum das alchimistische Symbol der Ourobourosschlange gesehen, deren Kopf sich in den Schwanz beißt. Dieses Bild verhalf ihm zu seiner Darstellung des Benzolrings. Albert Einstein, Entdecker der Relativitätstheorie, formulierte es folgendermaßen: „Der Intellekt hat weniger mit Entdeckungen zu tun, als die Intuition. Die Lösung kommt einfach zu dir und du weißt nicht woher oder wie."

Sich allein auf das rationale Bewusstsein zu beschränken, bedeutet, sich mit vierzig Bit zu begnügen. Die Intuition zur Lösung von Aufgaben heranzuziehen, bedeutet jenes Wissen einzubeziehen, das in den elf Millionen Bit im Unterbewusstsein gespeichert ist. Alles war wir hierfür brauchen, ist ein freundschaftliches Verhältnis zu ungeklärten Fragen. Anstatt vorschnell nach Antworten zu suchen, geht es darum jenen Zustand zu halten, der auf Impulse und innere Bewegungen achtet. Woher diese Impulse kommen, aus dem Kopf, dem Bauch, dem Herzen ist letztendlich nebensächlich. Sie überhaupt wahrzunehmen ist ein erster Schritt zur bewussten Intuition. Zu beschreiben, wie sich diese Impulse anfühlen und treffende Worte dafür zu finden ist ein weiterer Schritt. Genau das geschieht mit Hilfe von Focusing in einem strukturierten Prozess, welcher in sechs Schritte gegliedert ist.

Schritt 1

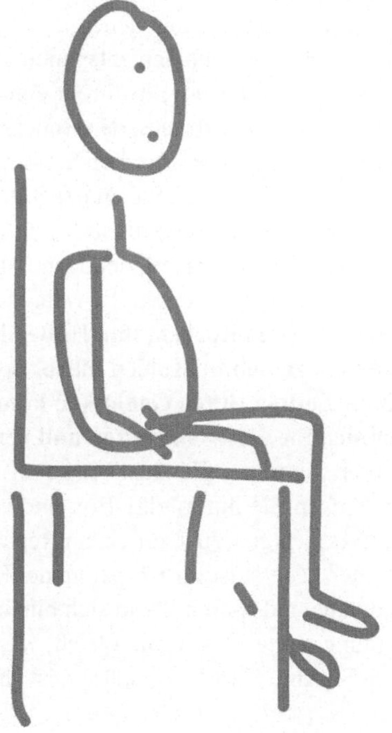

© Springer Fachmedien Wiesbaden 2015
D. von Kopp, *Focusing,* essentials, DOI 10.1007/978-3-658-08754-8_11

Freiraum schaffen

Sie wissen jetzt wie sehr Sie von Gewohnheiten, vom Denken anderer, aber auch von den eigenen Erwartungen beeinflusst werden. Auch, dass es innere Kritiker gibt, die sich melden, sobald ein neuer, vielleicht auch unkonventioneller Gedanke in Ihnen auftaucht. Ein wichtiger Schritt beim Focusing ist daher das sogenannte Freiraum schaffen. Wer auf seine innere Stimme lauschen möchte, muss sich zuvor in einen Zustand begeben, der dem von Kekulé beschriebenen Wachtraum nahe kommt. Ein Zustand also, in dem die Gedanken zur Ruhe kommen und in dem Sie darauf warten können, dass etwas zu Ihnen kommt. Vielleicht kennen Sie bereits Übungen zur inneren Achtsamkeit, zur Meditation oder Sie praktizieren Yoga. Dann wissen Sie wie es sich anfühlt, innerlich ganz ruhig und bei sich zu sein und dem eigenen Atem zu folgen. Das ist eine gute Haltung, um auf Körperprozesse zu achten. Falls Sie ein Neuling in diesen Dingen sind, macht das nichts. Sie können einfach damit beginnen, Ihrem Atem zu folgen. Setzen Sie sich aufrecht hin, entspannen Sie Ihre Schultern und atmen Sie einmal tief aus. Machen Sie das ganze ruhig ein paar Mal und übertreiben Sie gerne dabei. Atmen Sie tief ein und kräftig aus. Lassen Sie beim Ausatmen unangenehme Gedanken los, fühlen Sie, wie Ihre Schultern sich lösen, Ihr Gesicht sich entspannt.

Atmen Sie anschließend ganz natürlich, in Ihrem eigenen Rhythmus. **Folgen Sie Ihrem Atem.** Spüren Sie Ihren Brustraum, den Bauchraum und versuchen Sie bis in den unteren Rücken hinein zu atmen. Lenken Sie Ihre Aufmerksamkeit während Sie atmen auf Ihren Körper. Beginnen Sie an der Stirn. Wandern Sie über die Schläfen abwärts zu Ihrem Mund, den Hals hinab bis zu den Schultern. Von den Schultern den Armen abwärts zu den Händen, den Handinnenflächen, den Fingerspitzen. Nehmen Sie sich Zeit dafür und atmen Sie währenddessen tief und gleichmäßig ein und aus. Fühlen Sie Ihren Rücken, Ihre Hüfte, die Beine und gehen Sie mit Ihrer Aufmerksamkeit bis zu den Fußsohlen hinab. Spüren Sie wie Ihre Fußsohlen den Boden berühren. **Sollten Ihnen Gedanken kommen, an etwas das Sie zu erledigen haben, nehmen Sie diese Gedanken und verstauen Sie sie in einer imaginären Box.** Verfahren Sie in der gleichen Weise mit jedem anderen Gedanken, der sich aufdrängt. Packen Sie ihn in eine Box und stellen Sie sich vor, wie Sie alle diese Gedanken in Boxen geordnet auf einem Regal platzieren. Sie werden später darauf zurückkommen. Zuerst ist Ihr Körper an der Reihe. Machen Sie noch zwei, drei bewusste Atemzüge und spüren Sie in sich hinein. Vielleicht macht sich schon eine vage Empfindung bemerkbar. Ganz gleich, was sich in Ihnen regt, geben Sie dem Raum. Wenn Sie eine Unruhe verspüren, ist das Okay. Auch wenn Sie plötzlich lachen müssen. Dann lachen Sie eine Weile und hören Sie in sich hinein, was danach kommt. Focusing braucht anfangs etwas Zeit. Später können Sie sogar Schritte überspringen. Je besser Sie in Kontakt mit sich sind, desto natürlicher werden Sie es finden auf Ihre innere Stimme zu hören. Freiraum schaffen ist ein wichtiger Schritt. Geben Sie sich also ausreichend Zeit hierfür. Sobald Sie etwas in Übung sind, werden Sie merken, dass es weniger als eine Minute braucht, um in sich zu kehren. Das kann problemlos auf einem Meeting geschehen, im Auto oder während einem Konzert. Sobald Sie gelernt haben Ihrem Atem zu folgen und störende Gedanken zur Seite zu stellen, sind Sie offen für Ihre innere Logik.

Übung Freiraum schaffen

- Schenken Sie sich für einen Augenblick Zeit.
- Nehmen Sie eine bequeme Haltung ein, am besten sitzend.
- Atmen Sie tief ein und aus.
- Folgen Sie Ihrem Atem bis tief in den Bauchraum hinein.
- Wandern Sie mit Ihrer Aufmerksamkeit einmal von Kopf bis Fuß, während Sie gleichmäßig und ruhig weiteratmen.
- Spüren Sie wie Ihr Körper sich an den unterschiedlichen Stellen anfühlt. Machen Sie es sich bequem. Entlasten Sie Stellen, die eventuell schmerzen oder verspannt sind.
- Stellen Sie sich folgende Fragen:
- *Wie fühle ich mich augenblicklich?*
- *Was hindert mich, meine Aufmerksamkeit auf das Hier und Jetzt zu richten?*
- Nehmen Sie jeden Gedanken, der auftaucht und verstauen Sie ihn in einer gedachten Box.
- Stellen Sie die Boxen mit Ihren Gedanken in ein gedachtes Regal.
- Verfahren Sie ähnlich mit Gefühlen. Wenn Sie beispielsweise Ärger verspüren, oder Wut über eine Sache, dann heißen Sie diese Gefühle willkommen und geben Sie Ihnen einen Platz, an dem sie sich aufhalten können, während Sie sich auf Ihre innere Stimme (Ihren Felt Sense) konzentrieren.
- Bleiben Sie geduldig und freundlich zu sich und achten Sie darauf, während Sie gleichmäßig weiteratmen, wie sich der Felt Sense in Ihnen bemerkbar macht. (als Bild, Wort, Impuls?)

Schritt 2

Einen Felt Sense kommen lassen

Sie haben ein bestimmtes Thema, das Sie gerne bearbeiten möchten, oder zu dem Sie Ihre innere Stimme zu Wort kommen lassen wollen.

Sobald Sie Raum dafür geschaffen haben, wird sich etwas in Ihnen ausbreiten, dass Felt Sense genannt wird. **Ein Felt Sense ist immer mehr als das, was Sie zu einem Thema bereits wissen.** Also mehr als das, was Sie dazu schon gedacht, gefühlt und getan haben. Somit ist der Felt Sense der Ursprung des Neuen. Eine neue Erkenntnis, eine innere Einsicht oder eine klar auftauchende Lösung für ein Problem. Bevor es jedoch soweit ist, dass Sie das Neue greifen können, ist es als Felt Sense, als gespürte Ahnung in Ihnen vorhanden. Wichtig ist es, dem Felt Sense achtsam zu begegnen. Er entwickelt sich schrittweise. Größte Gefahr für einen Felt Sense stellen die äußere Logik und innere Kritiker dar. Je besser es Ihnen gelingt, sich für die Dauer des Fokussierens davon zu befreien, umso deutlicher wird sich Ihr Felt Sense zeigen. Das kann eine vage Empfindung im Brustraum sein oder eine Farbe, eine Melodie, ein Bild, das spontan auftaucht. Versuchen Sie jetzt keinesfalls, zu bewerten oder zu analysieren. **Bleiben Sie völlig frei und neutral in Ihrer Wahrnehmung**. Warten Sie einfach ab, was sich entwickelt.

Schritt 3

Einen Griff für den Felt Sense finden

Der Felt Sense äußert sich beinahe immer in Form eines vagen Gefühls, eines unfertigen Gedankens oder einer undeutlichen Körperempfindung. Die Kunst liegt darin, es an irgendeiner Stelle greifen zu können. Die menschliche Sprache eignet sich hervorragend als Angel. **Probieren Sie verschiedene Wörter** als Köder, um das zu beschreiben, was da immer wieder in Ihnen auftaucht. Irgendwann wird das Gespürte andocken. Dann, wenn Sie das richtige Wort gefunden haben, um die Qualität auszudrücken. Lassen Sie es vor allem so einfach wie möglich. Das Wort kann „Ball" heißen oder „rund", es kann sich daraus ein „sperrig" entwickeln, oder ein „blockieren". Stellen Sie sich folgende Fragen, um herauszufinden, ob es das richtige Wort ist:

Wie fühlt sich das Wort in mir an?

Trifft es das wirklich was ich empfinde?

Sobald Sie das Gefühl haben, dass es kein besseres Wort gibt, um das zu beschreiben, was sich in vager Form äußert, haben Sie einen sogenannten Griff gefunden. Mit diesem Griff können Sie anfangen zu arbeiten.

► **Wichtig**
- Nicht jeder spontan auftauchende Gedanke ist ein passender Griff.
- Passend ist das Wort erst, wenn es zu dem Gefühlten in Ihrem Inneren passt.

Schritt 4

Vergleichen

Der Felt Sense ist die körperlich gespürte Bedeutung. Der Griff, von dem eben die Rede war, ist gewissermaßen der Henkel, an dem Sie den Felt Sense zu fassen bekommen. Das Wort, das Sie hierfür gefunden haben wird sich im Laufe des Focusing-Prozesses verändern und neue Qualitäten bekommen. Ihre Aufgabe bleibt nun, zu vergleichen wie der Felt Sense und der Griff sich zueinander verhalten. Sobald das Wort nicht mehr passt, weil sich der Felt Sense verändert hat, versuchen Sie ein neues Wort zu finden.

Der Felt Sense, also das was sich körperlich in Ihnen abbildet, bleibt immer der wichtigste Referenzpunkt Daher ist es bedeutsam, wohlwollend und wertschätzend auf den Felt Sense zu blicken. Es gibt keinen negativen Felt Sense. Auch wenn Ihre Gedanken anderer Meinung sind. Ein Felt Sense darf auch unangenehm sein. Es ist ebenso okay zu weinen, wie wütend zu sein oder zu lachen. Das sind alles primäre Gefühle, die verschwinden, sobald sie genügend beachtet wurden. Der Felt Sense ist das Entscheidende. Er ist kostbar, weil er das Implizite verwaltet.

Schritt 5

Fragen stellen

Sie werden feststellen, dass es für die Arbeit mit dem Felt Sense angenehm ist, einen **Focusing-Partner** zu haben. Jemanden, der die richtigen Fragen stellt und der die Antworten, Ihre Antworten, so stehen lassen kann wie sie sind. Der also ohne zu bewerten oder Ihnen etwas suggerieren zu wollen, auf Ihre innere Logik reagiert, indem er die richtigen Fragen stellt. Und der gleichzeitig ein Auge auf Ihre inneren Kritiker behält. Also auf jene vorschnellen Schlüsse und vorgefertigten Sätze, die meistens in Form von Floskeln den Focusing-Prozess stören. Innere Kritiker verschwinden meist von selbst, sobald sie identifiziert sind. Einem Außenstehenden fällt das in der Regel leichter. Aber das sollte kein Grund sein, zu zögern. Natürlich können Sie **Focusing auch allein** machen. In diesem Fall achten Sie jedoch um so sorgfältiger auf innere Kritiker und seien Sie fürsorglich und aufmerksam zu Ihrem Felt sense, wie zu einem Gast, dessen Sprache Sie (noch) nicht sprechen. Achten Sie darauf, wie sich der Felt sense Ihnen mitteilt und stellen Sie ein paar Fragen, um ihn besser zu verstehen. Solche Fragen können sein:

- *Wo macht sich der Felt Sense bemerkbar?*
- *Wie empfinde ich den Felt Sense?*
- *Was an meinem Problem fühlt sich genauso an?*
- *Was ist das Schlimmste daran?*
- *Was bräuchte dieses....?(z. B. Blockierende/Sperrige)*
- *Was bräuchte dieser Teil in mir? (z. B. der sich gegen eine Veränderung sperrt)*
- *Was ist neben dem Felt Sense, ist da noch mehr?*
- *Was ist das Gute, das Motivierende an dem, was ich gerade empfinde?*
- *Was bräuchte diese Empfindung und sich weiter auszubreiten?*
- *Was kann mir Unterstützung geben?*
- *Wie wird es sich anfühlen, wenn mein Problem gelöst ist?*
- *Verändert sich augenblicklich, während ich darüber nachdenke, etwas an meinem Felt Sense? Trifft die ursprüngliche Beschreibung noch, oder passt ein anderes Wort jetzt besser?*

▶ **Wichtig**
  - Sollten Sie zwischendurch den Kontakt zu Ihrem Felt Sense verlieren, holen Sie ihn bitte immer mit dem Ursprungswort (Griff) zurück.
  - Sobald Sie das Gefühl haben, dass ein neues Wort besser passt, Sie Ihren Felt Sense dadurch deutlicher spüren, ist das ein neuer Griff. Von jetzt ab beziehen Sie sich auf diesen Griff.

Schritt 6

Annehmen und Schützen

Der Felt Sense verändert sich im Laufe des Focusing Prozesses. **Irgendwann kommt es zu einem Punkt, an dem eine sprunghafte Veränderung eintritt. Dieser Sprung ist der Felt Shift.** Der Felt Shift ist eine körperlich deutlich gespürte Erleichterung. Sie kennen das aus Ihrem Alltag. Denken Sie an die Situation, in der Sie einem Menschen begegnen, den Sie zwar kennen, an dessen Namen Sie sich jedoch partout nicht erinnern. Während Sie über den Namen nachgrübeln, klemmt es irgendwie in Ihnen. Sie probieren verschiedene Buchstaben, bis Ihnen mit einem Mal der vollständige Name in den Sinn kommt. Plötzlich fühlt es sich wie befreit an. Noch deutlicher wird dieses Empfinden, wenn Sie über einer Lösung eines Problems gebrütet haben und mit einem Mal, scheinbar aus dem Nichts, eine Antwort auftaucht, die sich absolut stimmig anfühlt. Sie können es nicht fassen, dass Sie nicht früher drauf gekommen sind. Der Felt Shift ist die Folge eines Prozesses, in dem implizite Gedächtnisinhalte in explizite überführt worden sind, mit dem Ergebnis, dass eine körperliche Entlastung stattfindet. **Ein Felt Shift ist stark und voller positiver Energie.** Es sollte Ihnen leicht fallen nach ihm zu handeln. Lassen Sie die neu gewonnene Erkenntnis unangetastet stehen. Damit geben Sie dem Neuen eine Chance sich weiter zu entwickeln. Es ist wie es ist. Fangen Sie nicht an zu analysieren und irgendetwas hineinzuinterpretieren. Begegnen Sie der neuen Entdeckung wie einem frischen, klaren Sommertag. Machen Sie das Beste daraus.

Zusammenfassung Focusing-Schritte

Alle Focusing-Schritte zusammen ergeben den Focusing Prozess. Einzeln genommen stellt jeder Focusing Schritt für sich eine wertvolle Alltagshilfe dar. Sei es um zwischendurch Freiraum zu schaffen, also inneren Abstand zu gewissen Ereignissen herzustellen und durch Atemübungen die Aufmerksamkeit gezielt auf das eigene Empfinden zu lenken. Ebenso hilfreich ist der Umgang mit inneren Kritikern. Also jenen kritischen Stimmen, die sich als Automatismen verselbständigt haben und Veränderungen blockieren. Sie aufzudecken und herauszustellen kann eine tägliche Übung werden. Beide Übungen, „Freiraum schaffen" und „Umgang mit inneren Kritikern" verbessern bei regelmäßiger Anwendung den Zugang zum inneren Gespür und führen dazu die eigene intuitive Wahrnehmung zu stärken.

Ausblick 12

Wie alles was sie im angewandten Prozess hervorbringt, ist auch Focusing eine Methode, die sich stetig weiterentwickelt. Seit ihrer Entdeckung durch Eugene T. Gendlin hat sie sich in den Bereichen Kunst, Kultur, Innovation, Management, Therapie und Prävention, sowie als praktische Lebenshilfe bewährt. Das von Gendlin und Mary Hendricks geleitete Focusing Institut in New York hat weltweit zahlreiche Ableger, unter anderem in Deutschland, der Schweiz, in Japan, Italien, Skandinavien, in Südamerika, Kanada und in den Niederlanden. Gendlin, Jahrgang 1926, ist selbst noch immer aktiver Philosoph. Seine Methode *Thinking at the Edge* (TAE) stellt eine Weiterentwicklung des Focusing Prozesses dar und ermöglicht die sprachlich präzise Ausarbeitung neuer Ideen, Innovationen und konzeptioneller Arbeiten. TAE verbindet Philosophie, Logik und Sprache. Seinen Ursprung nahm TAE an der Universität von Chicago, wo Gendlin langjährige Kurse zur „Theoriekonstruktion" gab. Mit Thingking at the Edge gab Gendlin seinen Studenten ein Werkzeug in die Hand, um Wissen, das sie in ihrem Fachgebiet zu haben glauben, jedoch nicht eigenständig formulieren können, in explizites und somit reproduzierbares Wissen zu überführen. Nicht nur seine Studenten stellten rasch fest: Mit TAE lassen sich neue Erkenntnisse gewinnen und innovative Ideen zu ausgereiften Konzepten entwickeln.

© Springer Fachmedien Wiesbaden 2015
D. von Kopp, *Focusing,* essentials, DOI 10.1007/978-3-658-08754-8_12

Was Sie aus diesem Essential mitnehmen können

- Nun wissen Sie, warum es sich lohnt, auf Ihre innere Stimme zu hören.
- Sie haben mit Focusing ein Werkzeug, mit dem Sie jederzeit inneren Freiraum schaffen und neue, kreative Lösungen aus sich selbst heraus entdecken können.
- Focusing ist ein kreativer Prozess.
- Bedenken Sie, wie wichtig es ist, kreative Prozesse frei von Rationalisierungen, Analysen und Bewertungen zu halten.
- Freuen Sie sich über Geistesblitze, Aha-Momente und neue Entdeckungen und geben Sie diesen genügend Raum sich zu entfalten.

© Springer Fachmedien Wiesbaden 2015
D. von Kopp, *Focusing,* essentials, DOI 10.1007/978-3-658-08754-8

Literatur

Über Focusing

Feuerstein, H. J. (unveröffentliches Manuskript). Gespür entwickeln. Focusing im Arbeitsleben. Gengenbach: FZK.

Feuerstein, H. J., Müller, D., & Weiser-Cornell, A. (2000). *Focusing im prozess*. Köln: GwG-Verlag.

Fridja, N. H. (2005). Emotion experience. *Cognition and Attention, 19,* 473–498.

Gendlin, E. T. (1978). *Focusing*. New York: Bantam Books.

Gendlin, E. T. (1991). Tinking beyond patterns: Body, language and situations. In B. den Ouden & M. Moen (Hrsg.), *The presence of feeling in thought* (S. 25–151). New York: Peter Lang.

Gendlin, E. T. (1993). Die umfassende Rolle des Körpergefühls im Denken und Sprechen. *Deutsche Zeitung für Philosophie, 41*(4), 693–706.

Gendlin, E. T. (1997). What happens when Wittgenstein asks „what happens when…?" *The Philosophical Forum, 28*(3), 268–281.

Gendlin, E. T. (1999). Was geschieht, wenn Wittgenstein fragt: „Was geschieht, wenn…?" In H. J. Schneider & M. Kross (Hrsg.), *Mit Sprache spielen. Die Ordnungen und das offene nach Wittgenstein* (S. 119–135). Berlin: Akademie-Verlag.

Gendlin, E. T. (2000). Introduction: Thinking at the edge. *The Folio: A Journal for Focusing and Experiential Therapy*. New York: The Focusing Institute.

Gendlin, E. T. (2003). Beyond postmodernism: From concepts through experiencing (excerpt). In R. Frie (Hrsg.), *Understanding experience: Psychotherapy and postmodernism* (S. 100–115). London: Routledge.

Weiser Cornell, A. (1997). *Focusing – der Stimme des Körpers folgen*. Reinbeck: Rowohlt.

© Springer Fachmedien Wiesbaden 2015

D. von Kopp, *Focusing,* essentials, DOI 10.1007/978-3-658-08754-8

Allgemeines über Wahrnehmung, Bewusstsein und Intuition

Beck, H. (2013). *Biologie des Geistesblitzes. Speed up your mind!* Heidelberg: Springer.

Damasio, A. (2000). *The feeling of what happens: Body, emotion and consciousness.* London: Random House.

Gigerenzer, G. (2008). *Bauchentscheidungen: Die Intelligenz des Unbewussten und die Macht der Intuition.* München: Goldmann.

Gladwell, M. (2005). *Blink. The power of thinking without thinking.* New York: Little, Brown and Company.

Kahnemann, D. (2012). *Schnelles Denken langsames Denken.* München: Siedler.

Kandel, E. R. (2012). *Das Zeitalter der Erkenntnis. Die Erforschung des Unbewussten in Kunst, Geist und Gehirn von der Wiener Moderne bis heute.* München: Siedler.

Kandel, E. R., Schwartz, J., & Jessel, T. (2012). *Neurowissenschaften: Eine Einführung.* Heidelberg: Springer Spektrum.

Merlau-Ponty, M. (1966). *Phänomenologie der Wahrnehmung.* Berlin: de Gruyter.

Phelps, E. A. (2006). Emotion and cognition: Insights from studies of the human amygdala. *Annual Review of Psychology, 57,* 27–53.

Wittgenstein, L. (1970). *Über Gewissheit.* Frankfurt a. M.: Suhrkamp.